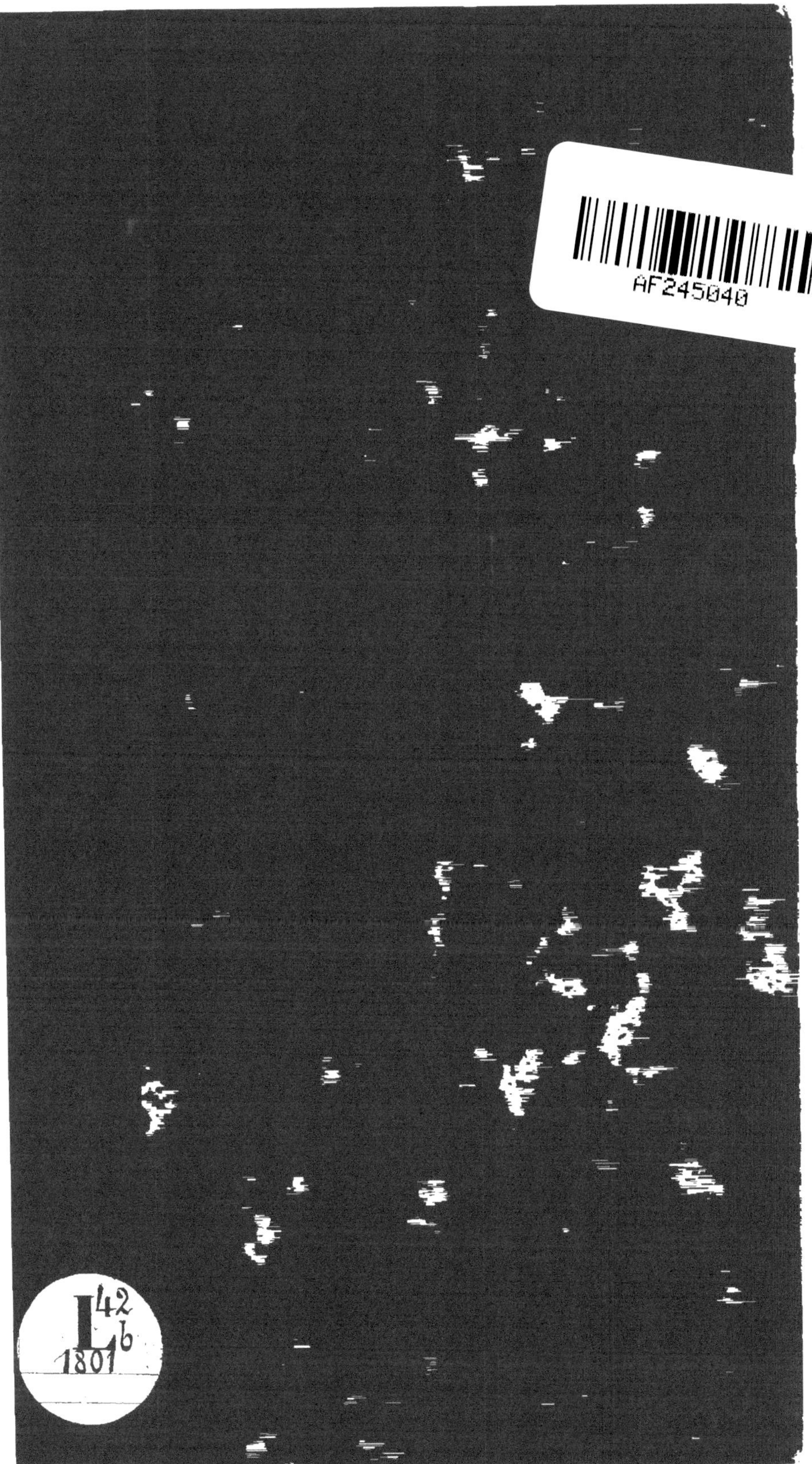

LE 18 FRUCTIDOR

JUSTIFIÉ

PAR LES ÉLECTIONS DU BAS - RHIN

DE L'AN V.

DISCOURS DÉCADAIRE,

Prononcé le 20 Ventôse an VI,

PAR SÉBASTIEN BOTTIN,

Greffier du Tribunal criminel.

STRASBOURG,

Chez F. G. Levrault, Imprimeur du Département
du Bas-Rhin.

An VI de la République française.

DISCOURS

DÉCADAIRE.

LA loi du 19 Fructidor a frappé de nullité, dans 49 départemens de la République, les choix faits par les assemblées primaires, communales et électorales, de l'an V, comme étant l'ouvrage des seuls royalistes.

Cette mesure étoit-elle nécessaire et juste pour le département du Bas-Rhin, qui se trouve dans le nombre ? Citoyens, si je n'avois à répondre qu'à l'observateur patriote, qui suit d'un œil attentif la marche de la révolution, je me contenterois de lui faire cette double question : Où en étions-nous au 17 Fructidor ? où en sommes-nous maintenant ? Voyez et comparez. Mais j'ai surtout à parler à une masse de bons citoyens, que leurs occupations, leurs moyens empêchent de suivre les détails : pour eux je dois repasser les événemens, déployer la logique démonstrative des faits ; je dois leur prouver :

Qu'il a existé en l'an V un complot général, tendant à renverser la République par le moyen des élections ;

Que le plan de ce complot a été fidèlement suivi dans le département du Bas-Rhin.

Et d'abord il a existé en l'an V un complot tendant à renverser la République par le moyen des élections. Citoyens, soyez attentifs : c'est un

A 2

des chefs même de la conspiration qui va vous l'apprendre. J'ouvre les *Déclarations de Duverne-Dupresle ou Dunant, annexées au registre secret du Directoire exécutif, le* 11 *Ventôse an V;* et j'y lis:

Page 2. „ Beaucoup de tentatives ont été faites, depuis la révolution, pour relever le trône : toutes ont échoué ; mais la plupart ont coûté la vie à un grand nombre d'hommes de l'un ou l'autre parti. Rien n'a découragé les royalistes, et il y a eu jusqu'à ce moment tant de raisons pour justifier leurs espérances, qu'on ne doit pas être étonné qu'à côté d'une conspiration éteinte il s'en relève une nouvelle, d'autant plus dangereuse qu'à ses propres ressources elle ajoute l'expérience des fautes qui ont entraîné la ruine des autres. "

Plus bas, et page 3. „ Je vais parler comme si j'étois l'unique agent du roi à Paris. Il y a bientôt deux ans que je me suis chargé de ses intérêts: dès cette époque je sentis que les royalistes n'auroient une véritable consistance, que lorsque, réunis autour d'un centre commun, ils n'agiroient que par des mouvemens d'ensemble. Dès cette époque je fis tous mes efforts pour amener à ce centre d'unité tous ces chefs de la Vendée et de la Bretagne, tous ces agens répartis dans les divers départemens que je pus découvrir, lesquels prétendoient tous agir pour la même fin, et qui, pourtant, y tendoient tous par des moyens contradictoires. . . . . Aussi ai-je été loin de regarder comme un évènement malheureux, la soumission des pays insurgés (de la Bretagne et de la Vendée). Elle nous servoit, parce qu'elle nous donnoit la facilité de développer entièrement un plan plus sage que tous ceux qui l'avoient précédé, par cette seule raison qu'il embrassoit en même temps toute la France, et qu'il excluoit tout autre mouvement partiel que celui qui nous auroit rendus maîtres de Paris en renversant le gouvernement. "

„ Voici le plan qui a été approuvé par le Prétendant, qui seul en a connu la totalité . . . On a cherché à faire marcher de concert les mesures politiques et les mesures militaires. "

„ La France sera divisée en deux agences : l'une qui comprend les provinces de Franche-Comté, Lyonnois, Forêt, Auvergne et tout le Midi, sera confiée à M. de Précy; l'autre, qui s'étend sur le reste de la France (et par conséquent sur les départemens du Rhin), sera dirigée par les agens de Paris. Ces deux agences s'informeront réciproquement de leur situation, par une correspondance régulière et active; aucun mouvement ne sera entrepris par l'une, si l'autre n'en est prévenue d'avance, et si elle n'est en mesure de la seconder. "

„ Les deux agences auront une correspondance directe avec le roi et avec les agens du gouvernement britannique. "

Plus bas, pag. 4, 5 et 6. „ Les agens principaux, et surtout ceux de Paris (sous lesquels sont placés les départemens du Rhin), n'épargneront rien pour ramener au parti du roi tous les mem-

bres des autorités constituées. Ils peuvent promettre à tout individu les avantages personnels que son importance peut le mettre en droit de désirer, sans exception de personne, pas même des membres de la Convention qui ont voté la mort de Louis XVI; mais ils ne prendront jamais aucun engagement qui pourroit laisser croire que l'intention du roi est de rétablir la monarchie sur des bases nouvelles. . . . .
[. . . . . . . "

„ Le but que l'on se propose est *le renversement du gouvernement actuel*, mais en évitant, autant que possible, que le changement d'ordre soit marqué par l'effusion du sang. C'est dans la constitution actuelle, elle - même, que l'on peut trouver le moyen de la détruire sans grande secousse. *Les fréquentes élections offrent la possibilité de porter en majorité les royalistes aux places du gouvernement et de l'administration.* "

„ Jusqu'à ce moment les royalistes n'ont su tirer aucun parti de leur nombre : la pusillanimité les a éloignés des assemblées primaires, ou, s'ils y ont porté des votes, ils l'ont fait sans concert préalable, et leurs voix se sont perdues sur les sujets que chacun préféroit en son particulier. Pour obtenir la majorité des suffrages dans les assemblées primaires, il faut trois choses: 1.º forcer les royalistes d'y aller; 2.º les forcer de réunir leurs suffrages sur des individus désignés; 3.º faire voter dans le même sens qu'eux cette classe d'hommes qui, sans attachement à un gouvernement plutôt qu'à un autre, aiment l'ordre qui garantit leurs personnes et leurs propriétés (1). "

Et plus bas, pag. 6. „ *Les membres de l'institut philantropique* s'attacheront à gagner les chefs des corps, ou des corps entiers, et alors ces compagnies resteront à leurs drapeaux; ou à faciliter ou encourager la désertion. Ils retiendront les soldats déserteurs dans les campagnes, sous prétexte de les employer aux travaux de l'agriculture, et ne les enrôleront qu'au besoin. "

Si j'ouvre ensuite la proclamation de Louis XVIII, du 16 Mars 1797, les preuves deviennent encore plus complettes. „ *Dirigez*, y dit ce roi *in partibus*, *dirigez les choix qui vont se faire*, sur des gens de bien, dont les vertus, les lumières, le courage *puissent nous aider* à ramener notre peuple au bonheur. "

Citoyens, voilà le complot bien avéré à vos yeux. Rappelez-vous maintenant ce qui se passoit autour de vous, à l'époque où Duverne faisoit sa déclaration, et voyez-en le plan suivi dans le département du Bas-Rhin.

Les émigrés, formés d'abord en rassemblemens armés dans les bois, avec les réquisitionnaires et les déserteurs autrichiens (2), se répandent bientôt dans les campagnes au moyen de faux certificats, de faux passeports, de faux billets d'hôpital (3), s'y montrent avec assurance, et finissent bientôt par y réclamer hautement l'exercice de leurs droits politiques. Les défenseurs de la patrie sont invités, à la désertion, par des adresses et des manœuvres perfides (4); des écrits fanatiques, répandus avec profusion, provoquent le peuple à l'infraction des lois. Voyez les prêtres furieux, chargés surtout de préparer les élections, parcourant les cantons, escortés d'une force armée, comme dans celui de Villé (5), colportant de commune en commune les noms des *fonctionnaires complaisans, des gens de bien*, recommandés par Louis XVIII : le contre-poids des patriotes épars, isolés et comprimés par la terreur des poignards, devenu nul (6) : des bureaux secrets de contre-révolution, forgeant dans presque tous les cantons, sous la direction de l'agence royale de Paris (7), ces fameuses listes de candidats, où les noms de quelques patriotes ne se trouvent placés à dessein que pour faire mieux ressortir ceux des *fils légitimes* qui les entourent: les assemblées primaires, enfin, composées surtout d'émigrés ou de leurs parens, dirigées par les émigrés et les aveugles sectaires des prêtres rebelles, n'offrant enfin, à quelques exceptions près, que des choix ratifiés d'avance par l'agence.

Que faisiez vous alors, corps constitués, autorités civiles et judiciaires de tout le département? Je ne vous accuserai pas de vous être laissé gagner par les agens royaux ; mais je vous reproche d'avoir été leurs instrumens, au moins passifs. Je ne vous accuse pas tous de royalisme d'intention ; mais je vous reproche de l'avoir servi de fait, ou par foiblesse, ou par ambition.

Pourquoi, en effet, vous qui vous étiez d'abord prononcés avec une si franche énergie pour l'exécution des lois contre les émigrés, les prêtres rebelles et les lâches fuyards de la réquisition, vous êtes-vous tout-à-coup amollis, précisément dans les temps voisins des élections (8)?

Pourquoi cette mollesse, lorsqu'il s'agissoit de juger certains coupables, dont l'influence funeste dans les campagnes étoit connue de certains fonctionnaires, et sur laquelle ils ont calculé si efficacement (9)?

Pourquoi, au mépris de l'acte constitutionnel, qui bannit pour toujours les émigrés du sol de la République, se contentoit-on de les renvoyer tous dans leurs communes, à mesure qu'ils rentroient, sous la surveillance illusoire de leurs municipalités (10) ?

Pourquoi le poids de l'autorité que la loi vous avoit déléguée, ne tomboit-il que sur quelques agens ou adjoints municipaux, souvent plus ineptes que coupables; tandis que l'administration municipale entière d'une grande commune bravoit avec impunité, depuis plus d'une année, la hiérarchie des pouvoirs et les lois (11)?

Parlerai-je de cette première adresse faite en faveur des émigrés, dès le mois de Nivôse, an V, où on insiste avec tant d'intérêt sur la nécessité de leur accorder un nouveau délai pour rentrer (12)?

De cette officielle et étrange correspondance au sujet des prêtres rebelles, qui a duré pendant tout le mois de Ventôse entre deux premières autorités, où l'attaque bruyante d'un côté, la molle défense de l'autre, décélaient si clairement, dans les deux partis, le désir ardent de parvenir aux élections prochaines par le moyen de ces prêtres (13)?

Comment se fait-il, enfin, que dans le travail si important de la répartition des assemblées primaires, que l'on savoit devoir durer trois ans, le zèle des petites communes patriotes se trouve neutralisé par leur réunion avec des communes populeuses et fanatiques ; que la plupart de ces assemblées primaires se trouvent précisément placées dans les communes les plus mauvaises sous le rapport de l'esprit public et de l'influence qu'elles exercent (14) ?

Mais poursuivons. Nous touchons au vingt Germinal, époque si laborieusement préparée. L'assemblée électorale s'ouvre ; les agens du royalisme s'y précipitent, s'y reconnoissent, s'y voient en nombre, s'emparent du bureau, s'y installent en conseil du roi de Blankenbourg. Je te salue, ô toi, petite, mais courageuse minorité de républicains que j'y aperçois : je sais que ce n'est pas ta faute si les résultats n'ont pas été pour la chose publique ; je sais que les élans de ton énergie, que les mâles accens de ton indignation ont plus d'une fois refoulé une lâche frayeur dans l'ame des meneurs royaux. Les régistres de dépopillement des scrutins attestent tes unanimes efforts à pousser aux places des hommes sûrs et prononcés ; tu as fait ce que tu pouvois : tu es restée incorruptible ! Je t'en rends grâce au nom de la patrie.

Mais à côté de toi, qu'aperçois-je ? suis-je dans une assemblée politique d'un peuple libre, oudans l'anti-chambre d'un roi ? ... Des républicains éprouvés, jouissant de la confiance du gouvernement qui les emploie (15), exclus du droit de voter, sous prétexte qu'ils ne sont pas citoyens : des ateliers impurs de fabrication de bulletins de candidats royaux, établis jusques sous le bureau, et dirigés par des marguilliers du *cardinal Collier :* des émissaires essouflés du fanatisme, tiraillant les électeurs honnêtes, mais foibles, qui n'étoient pas de leur bande; leur arrachant des mains les bulletins dictés par leur conscience, pour y en substituer d'autres rédigés d'après la conscience de la contre-révolution : les aides-de-camp de Louis XVIII se multipliant sur tous les points, *monsieurisant* les uns, coudoyant insolemment les autres, prônant partout avec effronterie les *honnêtes-gens* qu'il falloit élire : la liste de réjection, repoussant d'emblée les hommes fermes et probes, que la minorité républicaine mettoit en avant (16) : le patriotisme, les vertus civiques, les lumières, les longs services rendus à la patrie, le sang versé en combattant les rois, devenus autant de titres de proscription.... Tu en as fait l'épreuve, brave et intrépide Kleber, que les républicains vouloient porter au corps législatif, autant par estime particulière pour toi que par reconnoissance pour l'armée ! Ils n'oublieront jamais que tu n'as mérité l'honneur d'être disgracié dans cette assemblée, que parce que tu as osé t'y présenter avec le ton modeste, mais assuré, de l'homme libre, qui sent la dignité de son être ; que parce que tu n'as pas tenu assez long-temps le chapeau bas devant le royal bureau. Voilà du moins, citoyens, le prétexte, dont l'indiscrète confidence est échappée à un des hommes marquans de la fameuse majorité; car le vrai motif se lit page 25 de la correspondance saisie chez *Lemaître*, où Kleber est nominativement désigné comme un des hommes qui font surtout ombrage au royalisme (17).

Aussi qu'est-il sorti d'un corps électoral ainsi maîtrisé ? Ce que l'on devoit naturellement en attendre : des choix à la hauteur des principes de ceux qui les ont dirigés.

Voyez ces dignes représentans, élus des bons prêtres, s'élançant, empressés, dans le char de la contre-révolution (18); partant précédés de cent mille bénédictions; munis d'une triple armure de *rosaires*, d'*agnus*, de *chapelets*, d'*oremus*; escortés des voeux des bons catholiques; chargés de leurs lettres de créance pour les pères du *Concile* de Clichy; goûtant en chemin faisant, dans une fête délicieuse (19), préparée à l'ombre des murs *où doit reparoître bientôt la cour du licentieux prélat*, un à-compte de cette béatitude céleste qui leur est promise pour prix de leur pieuse mission; traversant les départemens, bouffis d'orgueil, et étouffant d'une sainte colère contre le gouvernement républicain, qu'ils ont l'ordre de sapper (20); préludant au corps législatif par invoquer avec énergie la violation de l'acte constitutionnel en faveur des émigrés, ses plus mortels ennemis; s'enrôlant enfin parmi les *sonneurs* de Camille Jourdan.

Je serois trop long, citoyens, si je voulois vous faire suivre dans ses progrès rapides la décomposition du corps moral de la République dans le département du Bas-Rhin, pendant les cinq mois qui ont séparé les élections de Germinal des évènemens de Fructidor. Vous y verriez le premier pas des autorités constituées, signalé, comme celui de leurs représentans, par l'expression du plus tendre intérêt en faveur des émigrés (21). Vous y verriez ces ennemis implacables de la liberté, forts jusqu'à l'insolence de l'appui des hommes en place; se répandant dans les campagnes, expropriant les acquéreurs des domaines nationaux (22), menaçant les patriotes, répandant partout la terreur du royalisme : les prêtres rebelles réinstallés officiellement dans la chaire de la révolte, bénissant les vengeances, fomentant la contre-révolution : dans l'intérieur des administrations, la voix du petit nombre de fonctionnaires restés fidèles (23), étouffée par les glapissemens d'une majorité royaliste : le travail des employés patriotes râturé d'une main perfide (24); leur expulsion tentée d'abord par les dégoûts, les passe-droits, les injustices, près d'être consommée dans un plan de réorganisation à la chouanne : la persécution dirigée contre les agens fidèles du gouvernement, dont la surveillance gênoit dans les cantons; leur perte tramée avec une sourde activité (25) : partout les élans énergiques des patriotes, colorés des motifs les plus odieux : des bandes de chouans se formant sur nos places publiques, insultant les défenseurs de la patrie, les forçant de porter la main à l'arme d'une défense légitime (26) : le ferment des divisions semé d'une main perfide entre les corps

armés et les citoyens (27) : les institutions républicaines, minées de longue main, tombant enfin
dans un mépris absolu : l'honorable qualification
de *citoyen*, mise au rang des dénominations inju-
rieuses, et remplacée par le vocabulaire de la
féodalité : les mœurs, les usages ramenés aux
formes monarchiques : le citoyen paisible, que
l'annonce de la paix avoit réjoui, replongé dans
les horreurs de sa première incertitude : en un
mot, l'horizon de la République s'obscurcissant,
les nuages s'amoncelant, un orage formidable
grondant au loin, poussé par un vent impétueux
contre les républicains, prêt à crever sur leur
tête et à les écraser des carreaux de la contre-
révolution.

Vous avez été témoins, comme moi, de cette
progression effrayante, ô vous, petit nombre de
républicains purs et énergiques, que j'ai surtout
appris à connoître dans ces momens pénibles !
vous avez jugé de loin la crise ! Admis à l'inti-
mité de vos effusions de cœur sur le sort qui
menaçoit la République, plus d'une fois je vous
ai entendus vous écrier dans l'amertume de votre
ame : jusqu'où cela ira-t-il donc ?... Cependant
je dois vous rendre une justice éclatante : jamais
vous n'avez désespéré du salut de la patrie....
Vous rappelez-vous, comme au milieu des épan-
chemens mutuels de notre sollicitude, de notre
douleur sur ce que nous voyions, au moment
même où nous paroissions sur le point de nous
laisser abattre. tout-à-coup une voix intérieure
sembloit nous dire au fond du cœur : tenez ferme,

républicains, un moment viendra, il n'est pas loin, où une crise salutaire tirera la République de son état de marasme !.. Vous rappelez-vous comme tout-à-coup nos visages s'enflammoient, nos yeux se remplissoient de pleurs ; comme nous nous disions, en nous serrant la main avec étreinte : allons, allons, ils ne l'emporteront pas, les amis des rois ; la République ne périra pas !.. Être suprême, tu l'as entendu, ce vœu sorti du fond de nos ames brûlantes !.. Protecteur des peuples libres ! toi, qui ne tolères les rois sur la terre que pour en faire les instrumens de ta vengeance contre les nations qui se rendent infidèles à la liberté ; tu n'as pas voulu permettre que la nation française redevînt leur proie : tu nous a donné le 18 Fructidor, et par le 18 Fructidor nous avons échappé au joug sanglant qu'ils nous préparoient !.....

Citoyens, après vous avoir démontré que les élections de l'an V ont été dans le Bas-Rhin l'ouvrage et le triomphe du royalisme ; après vous avoir affligés de la vue du tableau des désastres qui les ont suivies, j'ai besoin de vous inviter à en prévenir le retour.

Il est une vérité, qui est mathématique à mes yeux : c'est que l'hydre du royalisme, sans cesse abattue, se relèvera toujours sous de nouvelles formes, tant qu'il existera un seul émigré, un seul homme qui regrette ses abus. Il n'est réservé qu'à nos enfans de jouir en paix de la liberté conquise par leurs pères. Reconnus au 18 Fructidor sous le costume de chouans, voyez-vous comme les royalistes se glissent aujourd'hui parmi vous sous les formes républicaines ? comme ils sont souples et rampans ? comme ils affectent vos principes, parlent votre langage ? comme ils sont patriotes ? . . . c'est qu'ils espèrent surprendre encore votre confiance, s'emparer de nouveau des élections. Si vous pouviez douter de ce que je vous avance, je vous dirois : regardez autour de vous; à la connivence près des autorités constituées, qui heureusement sont composées de républicains, les mêmes symptômes qui ont préludé aux élections de l'an V se remarquent aujourd'hui. Depuis quelques jours les émigrés rentrent en foule; les prêtres rebelles, la plupart déguisés en femmes ou en militaires, parcourent de nouveau les campagnes (28); les royalistes les plus marquans se flattent d'une prépondérance certaine dans le corps électoral, Clichy renoue ses queues; on va jusqu'à proclamer les mêmes élus que l'an V. Dieu juste, écarte de nous un si funeste présage !...

O vous tous, Français, qui que vous soyez ! quelque part que vous ayez prise à la révolution, songez que la patrie touche à sa crise : bonnes, les élections de Germinal terminent subitement la révolution; mauvaises, elles nécessitent de nouveaux efforts, nous engagent dans de nouveaux combats, nous forcent à arracher de nouvelles et désolantes victoires.

Hommes indécis, mais droits et paisibles, qui ne demandez que la tranquillité ! vous, qui n'attendez que le moment où la certitude d'un ordre de choses fixe vous assurera une existence désormais à l'abri des orages politiques, pour vous prononcer pour le gouvernement républicain et lui donner votre confiance ; rendez-vous donc aux assemblées primaires. Les choix vous sont faciles, aujourd'hui que neuf années de révolution ont fait tomber tous les masques et donné à chacun sa physionomie naturelle. Empêchez, par une majorité imposante et sage, que les magistratures soient désormais usurpées par ces hommes qui ont intérêt à perpétuer les commotions politiques, par ces sang-sues du peuple, qui voudroient toujours pêcher en eau trouble, par ces intriguans à figure changeante et comme à ressort, qui sont toujours prêts à sourire à celui qui promet le plus à leur ambition. Concourez, au contraire, à nommer de vrais patriotes, de ces hommes sages et prononcés, dont la fermeté républicaine saura maîtriser les passions, écarter les factions, comprimer les tourmentes politiques, sceller enfin le cratère du volcan révolutionaire. Ne nommez que des républicains fermes, probes et marquans, et sous leur administration mâle et sage, je vous promets la tranquillité après laquelle vous soupirez.

. Hommes timorés (29), qui n'êtes plus aliénés de la République que par la crainte de ne pas conserver votre système religieux, voulez-vous jouir sous ce rapport de la sécurité que la constitution vous garantit, avoir la certitude que vous pourrez sans crainte servir Dieu à votre manière? nommez des républicains. Le vrai-républicain n'est ni intolérant, ni athée : fidèle à la constitu-

B

tion qu'il porte dans son cœur, il sait, d'aprés l'art. 354 de ce code sacré, que *nul ne peut être empêché d'exercer, en se conformant aux lois, le culte qu'il a choisi :* il n'attaquera jamais aucun culte légalement exercé ; il les respectera tous, comme la constitution les respecte elle-même, et si dans le fond de son cœur il forme des vœux ardens pour voir tous les hommes réunis dans la pratique uniforme de cette douce religion que la nature grava dans tous les cœurs, et qui ne fit jamais couler de sang, il sait que la violence est un mauvais apôtre ; qu'en matière d'opinion il faut attendre les succès du temps et de l'instruction : il vous présentera la vérité , mais il vous laissera le loisir d'essayer vos forces, d'y venir de vous-mêmes... Le royaliste, au contraire, l'hypocrite contre-révolutionnaire, qui s'appitoie aujourd'hui avec tant d'astuce sur le sort d'une religion à laquelle il n'a jamais cru ; qui se sert du mot *religion,* comme d'un ferment pour pétrir vos cœurs, d'aigreur contre la République... Ah ! repoussez-le avec cette horreur que méritent les fourbes. Aujourd'hui il pare de sa main les autels devant lesquels vous vous prosternez, parce qu'il croit servir ses desseins contre-révolutionnaires, en caressant vos préjugés : demain il les renversera, ces mêmes autels, il brisera les objets de votre culte, s'il peut calculer des résultats plus sûrs en vous mettant au désespoir.

Et vous aussi, royalistes, vous avez un intérêt pressant à ce que les élections du mois de Germinal soient dans le sens de la République! Je sens que cette proposition va vous paroître un paradoxe. N'importe, croyez-m'en, ne faites plus nommer d'hommes pris dans vos rangs, pas même d'auxiliaires, car la chance tourneroit toute à votre désavantage. Vous ne devez pas vous dissimuler votre position parmi nous ; elle est celle de misérables bandes vaincues, qui ne doivent leur existence politique qu'à la générosité du vainqueur : un plus long séjour sur le sol français dépend, pour vous, d'une conduite mesurée et circonspecte, d'une attention soutenue à ne plus nous troubler dans l'exercice de nos droits reconquis. Vous avez assez éprouvé que nous sommes décidés à tout pour conserver notre gouvernement républicain ; que les poignards, le poison, l'assassinat, la mort même ne sont rien pour des hommes pour qui la liberté est tout ; que la royauté est notre objet d'horreur..... Encore une fois, redoutez un nouvel orage, il tomberoit principalement sur vous : semblable à ces tourmentes de la mer qui, sans doute, font toujours échouer quelques poissons généreux, mais qui, surtout, en couvrent le rivage des débris amoncelés de coquillages impurs..... Non, non, on ne vous laisseroit plus le temps, cette fois-ci, de vous reconnoître ; un 18 Fructidor sonneroit en Floréal, et ce seroit le dernier : le Directoire exécutif vient de vous le dire avec assez d'énergie (30) ; les contre-révolutionnaires que vous auriez lancés à la tribune du sénat de la grande nation, en retomberoient bientôt *avec fracas* sur vos têtes, et vous *entraîneroient dans leur chute !*

B 2

Quant à vous, républicains, je ne vous dirai pas que vous êtes intéressés à faire de bons choix. La République est pour vous une amante aimée jusqu'à la jalousie ; c'est une épouse, jeune et fraîche, sortant pour la première fois du lit nuptial. Eh bien ! le royalisme est toujours sur ses traces, la poursuivant de ses désirs adultères ; pourriez-vous souffrir qu'elle tombât dans ses bras impurs , qu'elle fût livrée à son étouffante brutalité ?...

Peuple français ! te voici arrivé à ta grande époque périodique ! encore dix jours, et tu vas reprendre l'exercice de tes droits politiques !... Quand je pense à l'importance de ces droits, quand je me représente d'un côté la royauté hideuse, haletant et respirant à peine dans l'attente du succès de ses trames ; de l'autre, la République majestueuse et inquiète, fixant les yeux de l'espoir sur ses vrais amis, semblant leur dire dans son silence éloquent : ,, dans dix jours , mes enfans, ,, vous allez décider de mes destinées; sécher ,, pour toujours mes pleurs , ou livrer votre mère ,, à de nouvelles douleurs ; ,, quand je me représente le peuple souverain , réuni en assemblées primaires au 1.er Germinal prochain ; que je pense aux chances possibles des choix qu'il va faire ... Ah ! je me sens saisi d'un sentiment de respect, mêlé d'une terreur religieuse ... un frisson parcourt mes membres et glace mes veines ... je crains ... j'espère ... ô belle République, que de jouissances et de tourmens tu causes tour-à-tour à tes amans !.....

Providence suprême, qui veilles à ses destinées !

toi, dont la prévoyance conservatrice a inspiré à ses législateurs cette maxime tutélaire du code constitutionnel (31), que *c'est de la sagesse des choix dans les assemblées primaires et électorales que dépendent principalement la durée, la conservation et la prospérité de la République !* c'est toi aussi qui leur as dicté ces deux autres articles de la déclaration des devoirs (32), que *nul n'est bon citoyen, s'il n'est bon fils ; bon père, bon frère, bon époux ; que nul n'est homme de bien, s'il n'est franchement et religieusement observateur des lois !* Fais donc que ces maximes salutaires soient toujours présentes à ceux qui sont appelés à voter en Germinal ; et „ que chaque citoyen, en mettant „ son billet dans l'urne, se dise à lui-même : *je* „ *fais ou le bonheur ou le malheur de ma patrie ;* „ *ce nom que je viens de tracer, peut concourir* „ *à perdre ou à sauver mon pays* (33) ! „

NOTES.

(1) On lit aussi, dans l'*Extrait des pièces relatives à la conspiration de Dunant, Brottier et de la Villeurnoy, découverte le 12 Pluviôse an 5, n.° VIII*: « Le roi a appris avec la plus grande
» satisfaction, que ses agens à *Paris*, en s'occupant efficacement
» des moyens de rallier à lui les membres des deux conseils et de
» l'administration actuelle, n'ont jamais cessé d'avoir en vue le
» grand but vers lequel doivent se réunir tous les intérêts bien
» entendus, et qu'ils se flattent d'y donner entièrement ceux dont
» ils ont transmis les sentimens.

» Parmi tous les moyens d'accroître l'influence du parti dont les
» agens du roi entretiennent et excitent les discours, il en est
» trois principaux :

» Écarter efficacement de l'administration les *régicides, leurs*
» *chefs* et *ceux des jacobins ;*

» *Travailler à assurer le succès des nouvelles élections*, » etc.

(2 et 3) Dès l'hiver de l'an 4, des battues générales avoient été faites dans la forêt nationale d'Haguenau, pour dissiper les rassemblemens armés d'émigrés, déserteurs et réquisitionnaires ; mettre fin aux assassinats fréquens qui se commettoient sur les routes, et aux incursions qui se faisoient dans les communes environnantes. En Floréal, une nouvelle bande, mieux organisée que la première et ayant un chef, reparut. Les chevaux, les bêtes à corne, furent enlevés des écuries, surtout dans le canton de Soultz ; cette bande étoit aussi composée de réquisitionnaires et d'émigrés. Dissipés encore une fois, ils tentent de se réunir dans l'hiver de l'an 5. Dès le 12 Brumaire, l'administration du département, effrayée du nombre d'*étrangers*, de *gens sans aveu*, de *déserteurs* et d'*émigrés* qui se répandoient journellement dans les campagnes du département, prenoit des mesures pour s'opposer à leurs tentatives. La même affluence d'émigrés avoit lieu au mois de Pluviôse suivant ; alors les émigrés rentroient en foule à l'aide de faux passeports. Le 9 Ventôse le tocsin étoit sonné à Ohlungen, pour empêcher la prise de possession d'un acquéreur d'un domaine national provenant d'émigrés. Voyez *les délibérations et lettres du département du Bas-Rhin, des 21 Ventôse, 6 et 19 Germinal an 4, 12 Brumaire, 17 Pluviôse et 13 Ventôse an 5.*

(4) Les pamphlets séditieux (intitulés : *Adresse des 83 départemens aux soldats français. — Dialogue entre trois grenadiers de l'armée du Rhin. — Entretien entre le grenadier Sans-chagrin, un carabinier, un prisonnier de guerre, et un jeune homme de la réquisition. — Note transmise à M. Barthelémy. — Lettre du général autrichien Hotzé. — Et où est donc l'argent ?*) avoient été successivement semés aux avant-postes, répandus dans les cantonnemens et affichés dans Strasbourg, dans les mois de Pluviôse, Ventôse, Germinal, Floréal et Prairial an 4. Le département dénonçoit ces pamphlets à Pichegru, *et c'étoit Pichegru lui-même qui les corrigeoit. Voyez Correspondance saisie sur Klinglin, page 95, t. I.* Dès le commencement de l'an 5 on provoque les troupes à la désertion : les prisons qui retiennent les réquisitionnaires sont forcées comme à Schnersheim.

(5) A Andlau, le prêtre rebelle *Antoine* exerce un culte nocturne, sous la protection de la garde nationale sous les armes : à un pélerinage près de Dahlenheim, dix prêtres réfractaires fanatisent les agricoles de toutes les communes environnantes, réunis sous la protection d'un détachement de la gendarmerie de l'armée, qui est cantonné à Dahlenheim. Dans les communes de Berstett, Gambsheim, Klingenthal, dans les cantons de Rosheim, Marckolsheim, Geispolsheim, Truttersheim, Oberné, les prêtres rebelles sont protégés par la force armée. A Bœrsch, la commune, de concert avec un escadron de hussards, envoyoit une députation au curé réfractaire pour l'engager à revenir. A Villé, le *prémissaire Klein* parcouroit son canton, escorté de chasseurs à cheval. *Voyez les Délibérations et Lettres du département, des 16 Frimaire, 24 Nivôse, 13 et 21 Pluviôse, et 18 Ventôse an 5.* On s'est beaucoup appitoyé sur le sort du prêtre Stackler, curé de Neuveéglise, guillotiné à Strasbourg en l'an IV. Eh bien ! ce Stackler n'étoit cependaut qu'un espion, un émissaire des émigrés : que celui qui pourroit en douter ouvre la correspondance saisie sur Klinglin ; il y trouvera, page 125, cette lettre d'un certain Wittenbach, émigré, résidant à Bâle, adressée à une baronne de Reich à Offembourg : « Je plains bien ce pauvre abbé Stackler, guillottiné à » Strasbourg ; mais c'est bien de sa faute : je le lui ai prédit lorsqu'il » est passé chez moi en rentrant ; il n'étoit pas assez hardi ni assez » bien portant pour une pareille entreprise. »

(6) A Scherwiller, des menaces, des voies de fait ont lieu à l'égard de l'instituteur primaire et des fonctionnaires patriotes. A Geispolsheim, le prêtre Rumpler excite les enfans contre leurs parens, prêche la persécution des patriotes. *Voyez Délibérations et Lettres du département, des 9 et 13 Pluviôse et 13 Germinal an 5.*

(7) Qui pourroit en douter, lorsque l'on sait que les Demougé,

les Comart, etc. se trouvoient encore dans le département, dans Strasbourg même, où ils continuoient à ourdir leurs trames contre-révolutionnaires ? Demougé, qui joue un si grand rôle dans la correspondance surprise sur Klinglin, qui y figure comme étant depuis plus de dix-huit mois l'agent le plus actif de la contre-révolution, le fabricateur des pamphlets incendiaires, l'espion de toutes nos mesures, l'initié des séances closes du département, où il paroît qu'il avoit un homme sur lequel il pouvoit compter (*T. I. pages 418 et 419*) ; lui qui, pour le caractériser d'un seul trait, écrivoit, page 117, t. 1, à la baronne de Reich à Offembourg , *de donner deux louis de son sac à un pauvre prêtre nécessiteux, afin qu'il lui obtienne de Dieu la grâce de bénir ses travaux pour la cause de sa religion et de son roi* (Demougé n'a quitté le département que le 17 Thermidor an 5, avec un passeport expédié pour Francfort, et devant durer un an) ! Comart, qui dispute à Demougé l'honneur de faire les placards les plus incendiaires, et lui reproche de vouloir lui enlever la place de *subdélégué général !* *Correspondance de Klinglin* , *T. I. p. 171 et 220.*

(8) De Paris.

(9) Les prêtres rebelles, qui étoient tous, ou acquittés, ou condamnés à une simple réclusion.

(10) Il faut que le nombre de ces mises en surveillance ait été bien considérable, puisque la lettre des quatre administrateurs du département élus en l'an 5, au conseil des anciens, du 4 Thermidor, parle *de milliers de fugitifs, qui vivent paisiblement et dans la meilleure harmonie avec leurs concitoyens.*

(11) Je parle ici de la municipalité de Sélestatt, destituée toute entière après la loi du 19 Fructidor : il y avoit plus d'un an et demi que cette destitution étoit reconnue nécessaire, et on n'avoit osé la prononcer, malgré l'invitation formelle du ministre de l'intérieur , à qui les pièces avoient été communiquées.

(12) Cette adresse est du premier Nivôse an 5. Il est vrai qu'il n'y est question que d'émigrés compris comme cultivateurs ou artisans dans les exceptions de la loi du 22 Nivôse et 4 complémentaire. Sans doute cette classe d'hommes méritoit dans le principe des égards : aussi la loi leur a-t-elle accordé des délais assez longs pour rentrer... Pouvoit-on dire de bonne foi qu'ils n'avoient pas pu en profiter, lorsque l'on savoit qu'ils entretenoient une correspondance si active sur les deux rives , lorsque le Rhin étoit si fréquemment franchi par eux ?

(13) Le département avoit, par une troisième adresse du 13

Pluviôse, rendu compte aux ministres-de la police et de l'intérieur, de l'affluence des prêtres déportés rentrés, et des troubles qu'ils excitoient dans les campagnes. Le tribunal criminel en témoigne sa surprise au département, le 29; feint d'ignorer les ravages des prêtres rentrés, et ajoute, en parlant d'eux, *nous aimons à faire jouir l'homme paisible de la liberté que la loi paroît lui assurer.* Réponse du département, du premier Ventôse : il observe au tribunal, qu'il est surprenant qu'il affecte d'ignorer les manœuvres turbulentes des prêtres rebelles, tandis qu'elles ont lieu tous les jours, *sous les yeux des juges-de- paix et officiers de police judiciaire des cantons; tandis que plusieurs de ces prêtres ont été traduits devant le tribunal, sans que l'on ait pu savoir depuis, si la loi leur a été appliquée, et que d'autres, tels que les nommés Annion et Hartmann, viennent d'être acquittés.* Seconde réplique du tribunal, du 5 Ventôse, où, après s'être récrié sur *le style, digne du régime révolutionnaire,* dans lequel le département a écrit, on ajoute que le tribunal, *plus juste, pense que le département, surchargé d'occupations, n'a pas pu en peser le contenu, et que le rédacteur* (contre lequel on se lâche en injures plattes et grossières) *a surpris sa religion;* et le département, plus insulté encore que son employé, se contente de répondre , *qu'il ne s'attachera pas à réfuter les assertions hasardées du tribunal;* on sacrifie l'employé pour ne pas déplaire. Aussi c'étoit le 11 Ventôse. Cette dernière lettre n'est signée que de trois membres.

(14) En relevant la conduite tenue par les autorités constituées à ces époques , je dois rendre justice à une minorité courageuse qui s'est refusée à concourir à ces actes surprenans, ou les a hautement improuvés : par exemple, aucune des adresses en faveur des émigrés ne se trouve signée par le commissaire près le département; le travail des assemblées primaires a été fait sans son concours; il n'a pas signé la lettre au tribunal, du 11 Ventôse. Au tribunal, l'accusateur public ne prenoit aucune part à la correspondance officieuse; des juges la blâmoient hautement.

(15) Entr'autres le citoyen Crecelli, commissaire du directoire exécutif près l'administration municipale du canton de Drulingen.

(16) On se souvient avec plaisir qu'un des électeurs, que le scrutin de réjection venoit de repousser de la fonction d'administrateur du département, où l'avoit porté la confiance de la minorité républicaine, demanda hautement extrait du registre de réjection, pour lui servir de certificat de civisme.

(17) Un des électeurs de l'an 5, qui prétend être encore au courant des projets de la majorité, m'a appris, le jour que j'ai prononcé mon discours, que les royalistes avoient d'abord voulu

porter Kleber au corps législatif, parce que, le supposant mécontent du gouvernement, ils espéroient qu'il seconderoit sans doute Pichegru dans ses efforts pour le renverser, mais qu'ayant bientôt remarqué qu'ils se méprenoient, ils l'avoient ensuite repoussé. Que ces hommes sont peu faits pour apprécier la grandeur d'ame des républicains !...

(18) Cette figure n'est pas exagérée, puisque les choix avoient été faits dans des intentions contre-révolutionnaires... N'avoit-on pas nommé à Colmar un Chambé, qui étoit le correspondant des chefs émigrés dans le Haut-Rhin, et qui vient d'être arrêté par ordre du gouvernement avec un de ses collégues... Voyez la *Correspondance saisie sur Klinglin, t. I, pag.* 77, 125.

(19) A Saverne : le 19 Ventôse, on a amené au département l'émigré Monnet, qui, dit-on, étoit un des maîtres de cérémonies du banquet.

Cette fête, donnée aux bons représentans, m'en rappelle une autre qui ne devroit jamais être oubliée. Lorsque le cardinal Collier revint de son exil de la Chaise-dieu, ses prêtres et ses officiers rassemblèrent à Saverne tous les paysans de sa juris-diction, pour aller à la rencontre du saint pénitent ; ils poussèrent même la galanterie jusqu'à dételer la voiture de monsignor et la faire traîner par les villageois... Des hommes traîner la voiture d'un évêque adultère et escroc !.. Quelle horreur, grand Dieu !

(20) Voyez la note 18 , à l'occasion du général Kleber.

(21) *Voyez les lettres du département, du 3 Thermidor, à la députation ; du 4, au conseil des anciens,* où ceux qui craignent le retour des *fugitifs du Bas-Rhin,* sont traités *de malveillans* (le président ne l'a pas signée) ; *du 8 Thermidor, au directoire exécutif et au ministre de la police.* Les circonstances qui ont amené ces dernières sont intéressantes à connoître. Le 8 Messidor, le département avoit fait une adresse énergique aux administrations municipales, notamment à celle de Lauterbourg, touchant la rentrée des émigrés, et les troubles qui en étoient la suite : cette adresse avoit été communiquée au directoire, au ministre de la police générale et à la députation, avec lettres d'accompagnement. *Une lettre du 29 Messidor, signée Ferat, Metz et Keller,* observe au département, *qu'il est à craindre que ces lettres ne fournissent, par une fausse interprétation, des armes pour combattre la résolution que,* disent-ils, *nous avons sollicitée avec vous* (celle qui accordait un nouveau délai). En conséquence de cette observation, le département, *considérant que ces lettres d'accompagnement présentent un tableau trop alarmant, et capable de donner au gouvernement des inquiétudes sur la rentrée*

des émigrés , arrête qu'il sera de nouveau écrit : *les lettres ne s'écartent point des instructions données par les trois députés ; voyez délibération du 8 Thermidor.* Aucune n'est revêtue de la signature du commissaire, et personne n'a signé pour lui : c'est qu'il étoit du nombre des *malveillans* dont il est question dans la lettre du 4.

(22) A Bindernheim les propriétés acquises par les citoyens Adam et Weiler de Strasbourg sont dévastées, les arbres coupés, leur fermier menacé d'être tué : à Markolsheim, le 24 Floréal, le domicile du citoyen Morel, ex-commissaire du directoire exécutif, est violé, sa vie menacée : dans la nuit du 16 au 17 Messidor, on brise une charrue au fermier du citoyen Braun de Strasbourg, acquéreur d'un bien *national* à Dachstein. *Voyez les délibérations des 8, 27 Floréal et Messidor an 6.*

(23) Je le répète encore ; il restoit, comme avant les élections, dans les corps administratifs et judiciaires, une minorité de républicains, dont les efforts luttoient impuissamment contre le torrent désorganisateur.

(24) Il étoit naturel que les employés que l'on accusoit, au mois de Ventôse, de surprendre les signatures des administrateurs pour des actes fermes et républicains, fussent vus d'un œil défiant par la nouvelle administration. Cela étoit entré dans le mandat reçu au corps électoral. Que l'on lise entre autres la minute de l'arrêté de police du 8 Fructidor ; on verra quelle main a effacé le considérant qui signaloit trop bien la circonstance critique dans laquelle la république se trouvoit.

(25) Les preuves sans réplique s'en trouvent dans les cartons du département : c'étoient les trois députés Ferat, Metz et Keller, qui se chargeoient d'aller dans les bureaux des ministres pour faire accélérer les rapports. *Voyez leur lettre citée, du 29 Messidor.*

(26) On se rappelle les rixes fréquentes qui avoient lieu à Strasbourg, sur le Broglie, dans le mois de Thermidor et Fructidor, entre les *jeunes-gens*, et les défenseurs de la patrie. Les premiers étoient ordinairement les provocateurs, et toujours les battus. Au reste, grâce à la générosité des vainqueurs des rois, ces scènes finissoient ordinairement par le spectacle plaisant d'un habit carré, décousu *au dos*, ou grotesquement transformé en carmagnole. *Voyez la lettre du département à l'administration municipale, du 23 Fructidor an 6.*

(27) On a vu dans certains cantons, au mois de Fructidor, les troupes en cantonnement et les citoyens, prévenus les uns contre les autres par des insinuations perfides, se tenant sur leurs gardes, chacuns de leur côté, et se croyant mutuellement sur le point d'être attaqués. Cela est arrivé dans le canton de Sélestatt *extra muros*.

(28) L'administration du département vient, tout récemment, de se voir forcée d'envoyer de la force armée à demeure dans dix-sept cantons, pour en imposer aux émigrés, prêtres rebelles, et autres malveillans qui y affluent depuis quelques décades. A Mutzig, on a vu l'émigré Lienhard, il y a environ deux décades, traîner sa mère par les cheveux, et la menacer de la frapper d'un couteau qu'il tenoit en main. Quelle horreur!... Dans plusieurs communes les maisons se communiquent l'une à l'autre par des ouvertures intérieures, pour faciliter la fuite de ces malveillans, etc. La plupart des prêtres sont déguisés en femmes.

(29) Je ne parle pas ici aux fanatiques voués au système religioso-contre-révolutionnaire des prêtres révoltés contre leur patrie; ceux-là je les range dans la classe des royalistes décidés, auxquels s'adresse l'alinéa suivant.

(30) Proclamation du Directoire exécutif, du 9 Ventôse, relative aux assemblées primaires de l'an VI.

(31) Art. 376.

(32) Art. 405 de la déclaration des devoirs du citoyen.

(33) Même proclamation du Directoire exécutif, du 9 Ventôse.

FIN.

BIBLIOTHEQUE NATIONALE DE FRANCE
3 7531 03964096 7

www.ingramcontent.com/pod-product-compliance
Lightning Source LLC
Chambersburg PA
CBHW061727060726
47597CB00006B/2609